Kochen wie in
Holland

Kneuterdijk

Kochen wie in Holland

INMERC

Inhalt

Frühstück und Brunch

Poffertjes: Kleine Käsepfannkuchen mit Kräuterbutter

für 4 Personen | Zubereitung: ca. 25 Minuten | Ruhezeit: 1 Stunde

400 ml Milch
15 g frische Hefe oder 7 g bzw.
1/2 Teelöffel Trockenhefe
200 g Mehl
100 g Buchweizenmehl
1 Prise Salz
1 Ei
100 g reifer Gouda oder
anderer Hartkäse
frisch gemahlener Pfeffer
40 g geschmolzene Butter
Für die Kräuterbutter:
125 g weiche Butter
1 Esslöffel Zitronensaft
1 Teelöffel fein gehackte
Petersilie
1 Teelöffel fein gehackter
Schnittlauch
1 Teelöffel fein gehackter Kerbel

- Für die Kräuterbutter die weiche Butter mit den fein gehackten Kräutern und Zitronensaft abrühren und beiseite stellen.

- Milch (leicht) erwärmen, bis sie lauwarm ist. Die Hefe in eine kleine Schüssel krümeln bzw. streuen, etwas von der erwärmten Milch hinzufügen und verrühren, bis sich eine weiche Masse bildet. Mehl, Buchweizenmehl, Salz, Hefemischung, Ei und die restliche warme Milch in einer Rührschüssel vermengen und mit dem Schneebesen zu einem glatten Teig verrühren. Den Teig so lange schlagen, bis sich alle Klumpen aufgelöst haben. Zudecken und an einem warmen Platz 1 Stunde gehen lassen.

- Danach geriebenen Käse und Pfeffer in den Teig einrühren. Die „Poffertjes"-Pfanne leicht einfetten und die Vertiefungen zur Hälfte mit dem Teig füllen. Die kleinen Pfannkuchen schnell backen. Wenn die Oberseite nicht mehr flüssig ist und die Pfannkuchen goldbraun sind, wenden und von der anderen Seite fertig backen. Mit einem kleinen Stück Kräuterbutter servieren.

Für dieses Rezept benötigen Sie eine traditionelle „Poffertjes"-Pfanne. Wenn Sie keine haben, können Sie die Milchmenge auf 750 ml erhöhen und kleine Pfannkuchen aus 1-2 Esslöffel Teig backen.

Wurstbrötchen aus Brabant

8 Stück | Zubereitung: ca. 30 Minuten | Ruhezeit: 25 Minuten | Backofen: 20 Minuten

1/2 Packung Weißbrotmischung
50 g weiche Butter
150 ml lauwarmes Wasser
Salz
Füllung:
1 Ei
2 Knoblauchzehen
200 g Hackfleisch vom Rind und Schwein
2 Esslöffel feines Paniermehl
Salz und frisch gemahlener Pfeffer
2 Esslöffel Kräutermischung, fein gehackt (Thymian, Petersilie und Oregano)
Mehl zum Bestäuben
Mohn zum Bestreuen

- Die Weißbrotmischung mit Butter, Wasser und einer Prise Salz vermengen. Gut kneten, bis sich der Teig weich und elastisch anfühlt. Mit einem Geschirrtuch abdecken und 25 Minuten an einem warmen Platz gehen lassen.

- Währenddessen die Füllung zubereiten. Das Ei in einer kleinen Schüssel schaumig schlagen. 2 Esslöffel davon für das Einstreichen der Brötchen aufheben. Knoblauch schälen und fein hacken. Das Hackfleisch mit dem geschlagenen Ei, Knoblauch, Paniermehl, Salz, Pfeffer und den Kräutern vermischen.

- Die Hackfleischmischung in 8 Teile teilen und daraus wurstförmige Rollen (ca. 10 cm lang) formen. Diese in Mehl rollen.

- Den Backofen auf 200°C vorheizen.

- Den Brotteig auf einer leicht bemehlten Arbeitsfläche rechteckig ausrollen und in 8 Stücke schneiden (ca. 10 x 15 cm). Die Teigränder anfeuchten und auf jedes Teigstück ein Würstchen legen. Den Teig umschlagen und die Ränder gut verschließen. Die Brötchen mit dem übrigen Ei bestreichen und mit Mohn bestreuen. Backblech mit Backpapier auslegen, die Brötchen darauflegen und ca. 20 Minuten backen, bis sie goldbraun sind.

Wentelteefjes: Holländische Arme Ritter

für 4 Personen | Zubereitung: ca. 15 Minuten

- 1 Ei
- geriebene Schale von 1 Zitrone
- oder 2 Teelöffel Zimt
- 150 ml Milch
- 4 Scheiben altbackenes Weißbrot
- 30 g Butter
- 2 Esslöffel weicher brauner Zucker

- In einer Schüssel das Ei schlagen, Zitronenschale oder Zimt beifügen und die Milch einrühren. Vom alten Brot die Krusten entfernen.

- Die Brotscheiben in der Ei-Milch-Mischung wenden. Die Scheiben in der Schüssel aufeinanderstapeln, damit sie die ganze restliche Flüssigkeit aufnehmen können.

- In einer großen Bratpfanne die Butter auf kleiner Flamme erhitzen. Die Brotscheiben auf beiden Seiten goldbraun backen.

- Die Wentelteefjes mit weichem braunem Zucker bestreuen und sofort servieren.

Drie-in-de-pan: Pfannkuchen mit Orange und Zimt

für 4 Personen | Zubereitung: ca. 25 Minuten

200 g Mehl
Backpulver
1 Prise Salz
1 Ei
200 ml Milch
Saft und geriebene Schale von 1 Orange
2 Teelöffel Zimt
100 g Zucker
30 g Butter

- Das Mehl mit einer Prise Salz und etwas Backpulver in eine Schüssel sieben. Das Ei und die Hälfte der Milch hinzufügen und zu einem glatten Pfannkuchenteig verrühren. Unter ständigem Rühren die übrige Milch langsam zufügen. Orangensaft und geriebene Orangenschale in den Teig einrühren.

- In einer kleinen Schüssel Zimt und Zucker vermengen.

- Etwas Butter in einer Bratpfanne erhitzen und drei kleine Portionen Pfannkuchenteig hineingießen. Diese „Drie-in-de-pan" („Drei in der Pfanne") auf mittlerer Hitze backen, bis sie leicht braun werden, dann umdrehen und die andere Seite goldbraun backen. Den Vorgang mit dem übrigen Pfannkuchenteig wiederholen. Die Pfannkuchen warmhalten.

- Mit der Zimt-Zucker-Mischung servieren.

Die „Drie-in-de-pan" schmecken ausgezeichnet mit einem Löffel Orangenmarmelade.

Gefüllte Tomaten

für 4 Personen | Zubereitung: ca. 20 Minuten

4 Sardellenfilets aus der Dose, abgetropft
3 Esslöffel Milch
4 mittelgroße Tomaten
4 hart gekochte Eier
100 ml Crème fraîche
50 ml Mayonnaise
frisch gemahlener Pfeffer
2 Esslöffel fein gehackter Schnittlauch + einige Schnittlauchhalme zum Garnieren
1 Esslöffel abgetropfte Kapern oder schwarzer Kaviarersatz

- Die Sardellenfilets 10 Minuten in Milch einweichen. Von den Tomaten an der Stielseite einen Deckel abschneiden und die Tomaten mit einem Löffel oder einem Grapefruitmesser vorsichtig aushöhlen. Umdrehen und auf Küchenpapier abtropfen lassen. Die Sardellenfilets aus der Milch nehmen und mit Küchenpapier trockentupfen.

- Die hart gekochten Eier schälen und mit den Sardellen in kleine Stücke schneiden. Mit Crème fraîche, Mayonnaise, Pfeffer und Schnittlauch verrühren.

- Die ausgehöhlten Tomaten mit der Ei-Sardellen-Mischung füllen und mit Schnittlauch, Kapern oder Kaviar garnieren. Auf einem Servierteller anrichten und servieren.

Schmeckt ausgezeichnet mit getoastetem Weißbrot.

Russischer Salat

für 4 Personen | Zubereitung: ca. 20 Minuten

150 g gekochtes Rindfleisch oder gekochter Schinken
150 g gekochte Kartoffeln
125 g gekochte Rote Bete
1/2 roter Paprika
1/2 roter Apfel
1 Esslöffel Weißweinessig
125 ml Crème fraîche
2 hart gekochte Eier
4 kleine Essiggurken
1 Esslöffel fein gehackte Petersilie
1 Esslöffel fein gehackter Dill
Salz und frisch gemahlener Pfeffer
4 Salatblätter

- Fleisch, Kartoffeln, Rote Bete, Paprika und den Apfel in kleine Würfel schneiden. Den Weinessig und der Crème fraîche in einer großen Schüssel miteinander vermischen. Das würfelig geschnittene Fleisch, das Gemüse und die Apfelstücke unterrühren.

- Die hart gekochten Eier schälen und in dünne Spalten schneiden. Die Essiggurken in dünne Scheiben schneiden. Beides gemeinsam mit den Kräutern unter den Salat mengen. Nach Geschmack würzen.

- Die Salatblätter waschen und trockentupfen. Den russischen Salat auf den Salatblättern anrichten und servieren.

Uitsmijter: Spiegelei mit Rohschinken und Senfkäse

für 4 Personen | Zubereitung: ca. 10 Minuten

25 g Butter + Butter zum Bestreichen
4 Eier
4 Scheiben holländischer Senfkäse
Salz und frisch gemahlener Pfeffer
4 Scheiben Vollkorntoastbrot
100 g Rohschinken, in dünnen Scheiben
4 Essiggurken, in „Fächer" geschnitten
2 Tomaten, geviertelt
fein gehackte Petersilie

- Die Butter in einer großen Bratpfanne erhitzen. Die Eier in die Pfanne schlagen und als Spiegeleier einige Minuten auf kleiner Flamme braten.

- Um jedes Eigelb eine Scheibe Senfkäse legen und nach Geschmack würzen. Die Pfanne zudecken und die Eier noch ein paar Minuten weiterbraten, bis sie fertig sind und der Käse geschmolzen ist.

- Die Brotscheiben toasten und mit Butter bestreichen. Mit dem Rohschinken belegen und jeweils ein Spiegelei drauflegen. Mit Essiggurken, Tomaten und Petersilie garnieren.

Bauernomelett mit Kräutern

für 4 Personen | Zubereitung: ca. 25 Minuten

- 2 festkochende (speckige) Kartoffeln
- 100 g Champignons
- 100 g Räucherspeck, würfelig geschnitten
- 100 g Erbsen, tiefgekühlt
- 1 Esslöffel fein gehackte Petersilie
- 1 Esslöffel fein gehackter Schnittlauch
- 6 Eier
- 100 ml Milch
- Salz und frisch gemahlener Pfeffer

● Die Kartoffeln schälen, in Würfel schneiden und in kochendem Salzwasser ca. 10 Minuten kochen, bis sie weich sind. In der Zwischenzeit die Champignons putzen und in Scheiben schneiden.

● In einer großen Bratpfanne die Speckwürfel braten. Herausnehmen und im selben Bratenfett die Kartoffelwürfel ca. 5 Minuten braten. Champignons, Speck, Erbsen und Kräuter dazumischen und noch ein paar Minuten weiterbraten.

● Die Eier in einer Schüssel verquirlen, Milch dazumengen und nach Geschmack mit Salz und Pfeffer würzen. Die Mischung in die Pfanne zu den Gemüsen geben. Auf kleiner Flamme braten, bis das Omelett beginnt, fest zu werden. Von Zeit zu Zeit den Rand des Omeletts mit einer Gabel hochheben, sodass die noch rohe, flüssige Eiermischung nach unten rinnen und auch fest werden kann.

● Das Omelett in 4 Teile schneiden und servieren.

Schmeckt ausgezeichnet mit dicken Scheiben Bauernbrot und Tomatensauce.

Kaffee und Kuchen

Butterkuchen mit Aprikosenfüllung

ca. 10 Stück | Zubereitung: ca. 15 Minuten | Backofen: 15-20 Minuten

- 250 g Mehl
- 175 g Feinzucker
- 1 Prise Salz
- 225 g kalte Butter
- 100 g eingeweichte getrocknete Aprikosen
- 50 g Mandelblättchen
- 2 Esslöffel Ingwersirup
- 1 Esslöffel Milch

● Den Backofen auf 200°C vorheizen.

● Mehl, Zucker und eine Prise Salz in einer Rührschüssel vermengen. Die Butter in Stücke schneiden und unter das Mehl mischen. Mit zwei Messern die Butter in sehr kleine Stücke zerteilen. Mit kalten Händen die Butter mit dem Mehl gut zusammenkneten und den Teig zu einer festen Kugel formen. Der Teig kann auch leicht in der Küchenmaschine hergestellt werden.

● Die Aprikosen sehr klein schneiden und mit den Mandelblättchen und dem Ingwersirup vermischen.

● Eine runde Tortenform (ca. 24 cm Durchmesser) mit Butter einfetten. Die Hälfte des Teigs in die Form drücken. Die Aprikosenmischung darauf verteilen. Die andere Hälfte des Teigs auf einer leicht bemehlten Arbeitsfläche in der Größe der Tortenform ausrollen. Auf die Aprikosenfüllung legen und die Ränder gut andrücken.

● Mit der stumpfen Seite eines Messers die Oberseite mit einem Kreuzmuster versehen und mit Milch bepinseln. Den Butterkuchen ca. 15-20 Minuten im Backofen backen, bis er schön goldbraun ist.

● Abkühlen lassen und den Kuchen erst direkt vor dem Servieren in Stücke schneiden.

Holländische Apfeltorte

ca. 10 Stück | Zubereitung: ca. 30 Minuten | Backofen: 45 Minuten

- 300 g Mehl
- 125 g extrafeiner Zucker
- 1 Prise Salz
- 200 g kalte Butter
- 1 Eigelb
- 100 g Rosinen
- 100 ml Orangensaft
- 1 kg feste Äpfel (Elstar oder Jonagold), geschält und in Scheiben geschnitten
- 2 Esslöffel Vanillepuddingpulver
- 2 Teelöffel Zimt
- 2 Esslöffel Zucker
- 3 Esslöffel Aprikosenkonfitüre

● Mehl, extrafeinen Zucker und eine Prise Salz in einer Rührschüssel vermengen. Die Butter würfelig schneiden und unter das Mehl mischen. Mit zwei Messern die Butter in sehr kleine Stücke zerteilen. Eigelb untermengen, den Teig mit kalten Händen gut zusammenkneten und zu einer festen Kugel formen. Eine Tortenform mit herausnehmbarem Boden (Durchmesser ca. 24 cm) mit Butter einfetten und $^{2}/_{3}$ des Teigs auf den Boden und die Seiten der Tortenform drücken. Die gefüllte Tortenform und den restlichen Teig kalt stellen.

● Den Backofen auf 175°C vorheizen. Die Rosinen mit dem Orangensaft in einen Topf geben. Zum Kochen bringen und ca. 5 Minuten köcheln lassen, bis die gesamte Flüssigkeit verdampft ist.

● Äpfel, Rosinen, Vanillepuddingpulver, Zimt und 2 Esslöffel Zucker miteinander verrühren und über den Tortenboden verteilen. Den restlichen Teig ausrollen und in ca. 1 cm breite Streifen schneiden. Ein Gitter flechten und auf die Apfelmischung legen. Die Teigränder gut aneinanderdrücken.

● Die Apfeltorte ca. 45 Minuten im Backofen backen, bis sie goldbraun ist. Aus dem Ofen nehmen und mit Aprikosenkonfitüre bestreichen. In der Tortenform ca. 10 Minuten auskühlen lassen. Aus der Form nehmen und sofort servieren.

Spekulatius

ca. 5 Stück | Zubereitung: ca. 45 Minuten | Ruhezeit: 2 Stunden-1 Tag | Backofen: 30 Minuten

- 200 g Mehl
- Backpulver
- 125 g weicher brauner Zucker
- 2 Esslöffel Gewürzmischung
- 1 Prise Salz
- 150 g kalte Butter
- 1 Esslöffel Milch

- Mehl, Backpulver, braunen Zucker, Gewürzmischung und eine Prise Salz in einer Rührschüssel vermengen. Die Butter in Würfel schneiden und unter das Mehl mischen. Mit zwei Messern die Butter in sehr kleine Stücke zerteilen. Die Milch dazumengen und mit kalten Händen alles schnell zu einem festen Teig zusammenkneten.

- Den Teig in Frischhaltefolie wickeln und mindestens 2 Stunden, aber am besten einen Tag lang kühl stellen, damit sich das Gewürzaroma entfalten kann.

- Den Backofen auf 175°C vorheizen. Den Teig rechteckig und ca. 1 cm dick ausrollen. Backblech mit Backpapier auslegen und das Teigrechteck (oder zwei kleinere Rechtecke) darauflegen. Im Ofen ca. 30 Minuten backen.

- Den Spekulatius auf einem Drahtgitter auskühlen lassen. In Stücke brechen und servieren.

Häppchen und Snacks

Räucheraal-Häppchen

12 Stück | Zubereitung: ca. 10 Minuten

1 Zitrone
50 g weiche Butter
2 Esslöffel fein gehackter Schnittlauch
Salz und frisch gemahlener Pfeffer
3 Scheiben Weißbrot
100 g Räucheraal, auf Zimmertemperatur

● Zitrone halbieren. Eine Hälfte in 3 Scheiben schneiden und jede Scheibe vierteln. Die Schale der anderen Zitronenhälfte reiben. Zitronenschale, Butter, Schnittlauch und einige Tropfen Zitronensaft in einer Schüssel mengen und mit Salz und Pfeffer abschmecken.

● Die Brotscheiben toasten und jede Scheibe vierteln. Den Räucheraal in 12 gleiche Stücke schneiden.

● Die Schnittlauchbutter auf die Toaststücke streichen und auf jedes Viertel ein Stück Räucheraal legen. Mit Zitrone garnieren und servieren.

Matjes in Senfcreme auf Toast

12 Stück | Zubereitung: ca. 10 Minuten

125 ml Crème fraîche
1 Teelöffel Senf
2 Frühlingszwiebeln, fein gehackt
2 Matjesheringe, in Streifen geschnitten
Salz und frisch gemahlener Pfeffer
12 kleine Toasts oder kleine runde Pumpernickelscheiben
1/2 rote Zwiebel, sehr fein gehackt

● Crème fraîche, Senf und die Hälfte der Frühlingszwiebeln in einer Schüssel verrühren. Matjesheringe einrühren und nach Geschmack würzen.

● Die Matjes in Senfcreme auf die Toasts oder runden Pumpernickelscheiben streichen und mit roter Zwiebel und den übrigen Frühlingszwiebeln garnieren. Die Heringshäppchen auf einem Servierteller anrichten und servieren.

Blätterteigtaschen mit Käse

4 Stück | Zubereitung: ca. 25 Minuten | Backofen: 20 Minuten

40 g Butter
1/2 Teelöffel Currypulver
25 g Mehl
200 ml Milch
100 g reifer Gouda oder anderer Hartkäse, gerieben
4 Platten Tiefkühlblätterteig, aufgetaut
1 Tomate, gehäutet, gewürfelt und trockengetupft
2 Frühlingszwiebeln, in dünne Scheiben geschnitten
25 g geriebener reifer Gouda und/oder Parmesan
2 Esslöffel Sesam

- Den Backofen auf 200°C vorheizen.

- In einem Topf 25 g Butter erhitzen und das Currypulver kurz anbraten. Mehl einrühren und nach und nach die Milch dazurühren. Weiterrühren, bis die Sauce eindickt und dann weitere 5 Minuten köcheln lassen. Topf von der Flamme nehmen und geriebenen Käse unterrühren. Auskühlen lassen.

- Tomatenwürfel und Frühlingszwiebeln in die Käsesauce rühren. Die Blätterteigplatten halbieren und die Hälfte der halbierten Platten im Abstand von 1 cm einritzen. Die Käsemischung auf die andere Hälfte der Blätterteigscheiben verteilen. An den Rändern jeweils 1 cm frei lassen. Die restliche Butter schmelzen und damit die Teigränder bestreichen. Die eingeritzten Blätterteigplatten auf die belegten Stücke legen und die Ränder fest zusammendrücken.

- Backblech mit Backpapier auslegen und die Blätterteigtaschen darauflegen. Mit geschmolzener Butter bestreichen und mit geriebenem Käse und/oder Sesam bestreuen.

- Auf mittlerer Schiene ca. 20 Minuten goldbraun backen.

Bitterballen: Krokettenbällchen

24 Stück | Zubereitung: ca. 1 1/2 Stunden | Kühlen: 2 Stunden

200 g Rind- oder Kalbfleisch, würfelig geschnitten
1 Bouquet garni (2 Zweigchen Thymian, 2 Petersilienstängel, 1 Lorbeerblatt)
400 ml Rinderbrühe (aus 1 Brühwürfel)
30 g Butter
30 g Mehl
Salz und frisch gemahlener Pfeffer
Muskatnuss
Pflanzenöl zum Frittieren
2 Eier
100 g Paniermehl

- Das Fleisch mit dem Bouquet garni und der Rinderbrühe langsam zum Kochen bringen. Auf kleiner Flamme ca. 1 Stunde kochen lassen, bis das Fleisch weich ist. Von der Rinderbrühe 200 ml in einem Messbecher aufheben. Das Fleisch sehr klein schneiden.

- Die Butter in einem Topf erhitzen und das Mehl einrühren. Unter ständigem Rühren die Rinderbrühe langsam dazugießen und weiterrühren, bis die Sauce dick und cremig ist. Noch weitere 2 Minuten köcheln lassen, das Fleisch einrühren und nach Geschmack mit Salz, Pfeffer und Muskatnuss würzen. Das Ragout auf einen flachen Teller gießen, auskühlen lassen und 2 Stunden kalt stellen, bis es fest ist.

- Das Frittieröl in einer tiefen Bratpfanne auf 180°C erhitzen. Die Eier in einer flachen Schüssel mit einem Esslöffel Wasser verquirlen. Das Paniermehl auf einen flachen Teller geben. Aus dem Ragout 24 Bällchen formen und diese im Paniermehl rollen. Danach durch die Eier rollen und nochmals im Paniermehl rollen.

- Jeweils 6 Krokettenbällchen ca. 3-4 Minuten frittieren, bis sie braun und knusprig sind. Auf Küchenpapier abtropfen lassen. Auf einem Servierteller anrichten und mit grobem Senf servieren.

Zebras

16 Stück | Zubereitung: ca. 10 Minuten | Kühlen: 1 Stunde

100 g weiche Butter
200 g Frischkäse
100 g Räucherlachs, fein gehackt
1 Esslöffel fein gehackter frischer Dill
Salz und frisch gemahlener Pfeffer
8 Scheiben Roggenbrot oder Pumpernickel

- Mit einem Mixer die Butter mit dem Frischkäse schaumig schlagen. Lachs und Dill unterrühren und mit Salz und Pfeffer würzen.

- Die Käse-Lachs-Mischung auf 6 Scheiben Roggenbrot verteilen und dick bestreichen. Jeweils 3 bestrichene Scheiben Brot aufeinander stapeln und mit einer trockenen Brotscheibe bedecken. Gut aneinanderdrücken. Die zwei Brottürme in Frischhaltefolie einwickeln und ca. 1 Stunde kalt stellen, bis der Aufstrich fest geworden ist.

- Die Brote aus dem Kühlschrank nehmen, mit einem scharfen Messer in jeweils 8 Teile schneiden und auf einem Servierteller anrichten.

Suppen

Blumenkohlsuppe mit Käsewindbeutel

für 4 Personen | Zubereitung: ca. 40 Minuten | Backofen: 5 Minuten

50 g Butter
1 große Kartoffel, geschält und gewürfelt
1 Zwiebel, fein gehackt
1 Liter Gemüsebrühe
500 g Blumenkohlröschen
50 ml Milch
30 g Mehl
1 verquirltes Ei
2 Esslöffel geriebener Hartkäse
100 ml Sahne
1 Prise Muskatnuss
Salz und frisch gemahlener Pfeffer
2 Esslöffel fein gehackte Petersilie

● Die Hälfte der Butter in einer großen Pfanne erhitzen und die Zwiebel und Kartoffel 3 Minuten leicht anrösten. Gemüsebrühe und Blumenkohlröschen hinzufügen und 10-15 Minuten köcheln lassen.

● Die Käsewindbeutel zubereiten: Backofen auf 220°C vorheizen. Die Milch mit der übrigen Butter langsam erhitzen. Wenn die Butter zergangen ist, das ganze Mehl auf einmal einrühren. Rühren, bis sich ein fester Teig bildet und dieser sich vom Topfrand löst. Abkühlen lassen und dann das Ei und den Käse hineinrühren.

● Den Teig in einen Spritzbeutel mit kleiner weicher Spritztülle füllen und im Abstand von 2 cm kleine Tupfen auf ein leicht gefettetes Backblech spritzen. Die Käsewindbeutel ca. 5-6 Minuten im Backofen backen, bis sie goldbraun gebacken sind und sich ihre Größe verdoppelt hat.

● Die Suppe pürieren (einige Röschen zum Garnieren aufheben). Die Sahne einrühren und mit Muskatnuss, Salz und Pfeffer abschmecken.

● Die Suppe in vorgewärmte tiefe Schüsseln füllen und mit Käsewindbeuteln, Blumenkohlröschen und Petersilie garnieren.

Holländische Erbsensuppe

für 4-6 Personen | Zubereitung: ca. 2 Stunden

400 g grüne Spalterbsen
1/2 Knollensellerie, geschält und gewürfelt
1 große Karotte, geschält und gewürfelt
400 g Schweinekoteletts
100 g Räucherspeck, gewürfelt
200 g Lauch, geschnitten
250 g Räucherwurst oder Knackwurst
1/2 Bund frische Sellerieblätter, gehackt
1/2 Bund Petersilie, gehackt
Salz und frisch gemahlener Pfeffer

- Die Spalterbsen waschen. In einem großen Topf 1 1/2 Liter Wasser zum Kochen bringen und darin Erbsen, Sellerie, Karotte, Schweinekoteletts und Speck 1 1/2 Stunden kochen lassen, bis das Fleisch weich ist. Den Lauch die letzten 15 Minuten der Kochzeit mitkochen.

- Die Räucherwurst in Scheiben schneiden. Die Koteletts aus der Suppe nehmen, das Fleisch von den Knochen lösen und in Stücke schneiden.

- Die Fleischstücke wieder zur Suppe geben. Kräuter und Räucherwurst dazugeben und mit Salz und Pfeffer nach Geschmack würzen. Weitere 10 Minuten köcheln lassen und regelmäßig umrühren.

Zu dieser Suppe passt ausgezeichnet Pumpernickel belegt mit grobem Senf und Räucherspeckscheiben.

Würzige Hühnersuppe

für 6-8 Personen | Zubereitung: ca. 2 Stunden | Kühlen: 2-3 Stunden

- 1 Suppenhuhn
- 1 Zwiebel, geschält und geviertelt
- 200 g Lauch, geschnitten
- 1 große Karotte, in Scheiben geschnitten
- 2 Selleriestangen, geschnitten
- 4 weiße Pfefferkörner
- 1 Prise gemahlene Muskatblüte (Mazis)
- 1 Bouquet garni (2 Zweigchen Thymian, 2 Petersilienstängel, 1 Lorbeerblatt)
- 1 roter Paprika, in Streifen geschnitten
- 4 Frühlingszwiebeln, fein geschnitten
- 50 g Fadennudeln
- 100 g Zuckermais aus der Dose, abgetropft
- 1 Esslöffel fein gehackte Sellerieblätter
- Salz und frisch gemahlener Pfeffer

● Das Huhn in einen großen Kochtopf geben und mit 1 1/2 Litern kaltem Wasser bedecken. Das Wasser zum Kochen bringen und regelmäßig den Schaum, der sich an der Oberfläche bildet, abschöpfen.

● Zwiebel, Lauch, Karotte, Selleriestangen, Pfefferkörner, Mazis und Bouquet garni zufügen und ca. 1 1/2 Stunden kochen lassen.

● Das Huhn aus der Suppenbrühe nehmen und etwas abkühlen lassen. Dann das Hühnerfleisch von den Knochen lösen und in kleine Stücke schneiden. Die Gemüsebrühe in einen sauberen Topf abseihen und nach Geschmack würzen. Die Brühe 2-3 Stunden kühl stellen und eventuell das erstarrte Fett abschöpfen.

● Die Brühe erwärmen und Hühnerfleisch, roten Paprika, Frühlingszwiebeln und Fadennudeln dazugeben. Auf schwacher Hitze 3 Minuten erwärmen. Mais und gehackte Sellerieblätter einrühren. Nach Geschmack nachwürzen.

Schmeckt köstlich mit fein geschnittenen Pfannkuchenstreifen.

Braune Bohnensuppe

für 4 Personen | Zubereitung: ca. 1 3/4 Stunden | Einweichzeit: 12 Stunden

350 g getrocknete braune Bohnen
2 Lorbeerblätter
6 Pfefferkörner
3 Gewürznelken
2 große Kartoffeln
50 g Butter
3 Zwiebeln, geschält und fein gehackt
1/2 Esslöffel Currypulver
3 Esslöffel fein gehackte Petersilie
Salz und frisch gemahlener Pfeffer
2 Esslöffel Worcestersauce

- Die Bohnen 12 Stunden in 1 1/2 Liter leicht gesalzenem Wasser einweichen.

- Lorbeerblätter, Pfefferkörner und Gewürznelken zu den Bohnen geben und im Einweichwasser zum Kochen bringen. 1-1 1/2 Stunden kochen lassen. Die Kartoffeln schälen, in Würfel schneiden und die letzten 30 Minuten der Kochzeit mit den Bohnen mitkochen.

- Butter in einer Bratpfanne erhitzen und die Zwiebel anrösten. Currypulver dazugeben und ein paar Minuten weiterrösten.

- Lorbeerblätter, Gewürznelken und Pfefferkörner aus der Suppe entfernen. Mit dem Stabmixer die Bohnen und Kartoffeln in der Kochflüssigkeit pürieren. Die angerösteten Zwiebeln unterrühren und weitere 10 Minuten kochen lassen. Petersilie dazugeben und nach Geschmack mit Salz, Pfeffer und Worcestersauce würzen.

Hühnercremesuppe mit Lachs

für 4 Personen | Zubereitung: ca. 25 Minuten

1 Liter Hühnerbrühe
30 g Butter
30 g Mehl
frisch gemahlener Pfeffer
1 Prise Muskatnuss
ein paar Tropfen Zitronensaft
1 Eigelb
100 ml Sahne
150 g Räucherlachs, in Stücken
2 Esslöffel fein gehackter Dill

- Hühnerbrühe erhitzen. In einem großen Kochtopf Butter schmelzen, Mehl einrühren und kurz weiterkochen. Unter ständigem Rühren mit der Brühe aufgießen und ca. 10 Minuten köcheln lassen.

- Die Suppe nach Geschmack mit Pfeffer, Muskatnuss und Zitronensaft würzen.

- Mit dem Schneebesen das Eigelb mit der Sahne verquirlen und 5 Esslöffel der heißen Suppe dazurühren. Kochtopf von der Flamme nehmen und die Ei-Sahne-Mischung in die Suppe einrühren.

- Die Suppe in tiefe Teller oder Schüsseln gießen und mit Lachs und Dill garnieren.

Tomatencremesuppe

für 4 Personen | Zubereitung: ca. 30 Minuten

1 kg Tomaten
1/2 Liter Kalbsfond oder Hühnerbrühe (instant)
2 Zwiebeln, geschält und fein gehackt
2 Knoblauchzehen, geschält und fein gehackt
2 Esslöffel fein gehackter Thymian
125 ml Crème fraîche
Salz und frisch gemahlener Pfeffer
1 Esslöffel frische Kräutermischung, fein gehackt

- Die Tomaten waschen und halbieren. Die Instantbrühe, Tomaten, Zwiebeln, Knoblauch und Thymian in einem großen Kochtopf zum Kochen bringen. 20 Minuten köcheln lassen.

- Die Suppe im Standmixer oder mit dem Stabmixer pürieren und die Crème fraîche einrühren. Nach Geschmack mit Salz, Pfeffer und den frischen Kräutern würzen.

Schmeckt köstlich mit knusprigen Käsestangen.

Spargelsuppe mit Schinkenstreifen und Ei

für 4 Personen | Zubereitung: ca. 45 Minuten

300 g weißer Spargel
3/4 Liter Gemüsebrühe (instant)
1 Teelöffel Zucker
30 g Butter
30 g Mehl
100 ml Sahne
1 Prise gemahlene Muskatblüte (Mazis)
Salz und frisch gemahlener Pfeffer
200 g Schinken
3 hart gekochte Eier
1 Esslöffel fein gehackte Petersilie

- Spargel mit einem Kartoffelschäler schälen (direkt unter der Spitze beginnen) und die harten Endstücke entfernen (ca. 1 1/2 cm). Die Spitzen abschneiden (ca. 3 cm) und in etwas Gemüsebrühe ca. 10 Minuten kochen. Abgießen.

- Gemüsebrühe mit dem Zucker in einem Kochtopf zum Kochen bringen. Den restlichen Spargel in 3 cm lange Stücke schneiden und 15 – 20 Minuten (oder bis er weich ist) in der Gemüsebrühe kochen. Die Suppe in der Küchenmaschine oder mit dem Stabmixer pürieren.

- Butter in einem großen Kochtopf erhitzen und das Mehl einrühren. 2 Minuten leicht kochen und nach und nach Suppenbrühe und Sahne einrühren. Langsam zum Kochen bringen und 3 Minuten kochen lassen. Mit Salz, Pfeffer und Mazis nach Geschmack würzen.

- Schinken in Streifen schneiden. Eier schälen und durch ein Sieb drücken. Die Schinkenstreifen und Spargelspitzen auf vier Suppentassen verteilen. Die Suppe in die Schüsseln gießen und mit den zerdrückten Eiern und der Petersilie garnieren. Sofort servieren.

„Stamppotten" und andere Eintopfgerichte

Hutspot: Karotten- und Kartoffeleintopf

für 4 Personen | Zubereitung: ca. 1/2 Stunde | Kochzeit: 2 Stunden

400 g Schmorfleisch
75 g Butter
4 Zwiebeln, geschält, 2 in Ringe geschnitten, 2 fein gehackt
2 Lorbeerblätter
1 Teelöffel Dillsamen oder
1 Esslöffel frischer Dill
Salz und frisch gemahlener Pfeffer
750 g mehlige Kartoffeln, geschält und in Stücke geschnitten
750 g Karotten, geschält und in Scheiben geschnitten

- Das Fleisch würfelig schneiden. In einem großen Kochtopf die Butter erhitzen und auf großer Flamme das Fleisch von allen Seiten anbräunen. Die fein gehackten Zwiebeln dazufügen und weiterbraten. Etwas Wasser, Lorbeerblätter, Dill, Salz und Pfeffer dazugeben und zudecken. 2 Stunden kochen, bis das Fleisch weich gekocht ist.

- Kartoffeln, Karotten und Zwiebelringe ca. 25 Minuten in etwas Salzwasser kochen, bis sie weich sind.

- Das Gemüse abseihen und alles zu einem feinen Püree stampfen.

- Das Schmorfleisch und etwas vom Bratensaft zum Gemüsepüree hinzufügen und alles gut zu einem weichen, dicken „Stamppot" vermischen. Nach Geschmack würzen und den restlichen Bratensaft dazu servieren.

Hete bliksem: Apfel- und Kartoffeleintopf

für 4 Personen | Zubereitung: ca. 40 Minuten

500 g süße Äpfel (Elstar)
500 g würzige Äpfel (Cox Orange Pippin)
1 kg Kartoffeln, geschält und in Stücke geschnitten
300 g Räucherspeck, im Ganzen
25 g Butter
300 g Hackfleisch vom Rind und Schwein
Salz und frisch gemahlener Pfeffer
50 ml Milch
1 Prise gemahlene Gewürznelken
1 Prise Zimt

- Die Äpfel schälen, entkernen und klein schneiden. Die Kartoffeln in einen großen Kochtopf geben und mit Wasser bedecken. Die geschnittenen Äpfel über die Kartoffeln streuen und den Räucherspeck darauflegen. Teilweise zudecken und ca. 25 Minuten kochen, bis alles weich ist.

- Butter in einer Bratpfanne erhitzen und das Hackfleisch braten, bis es braun und weich ist. Regelmäßig umrühren und nach Geschmack würzen.

- Speck aus dem Kochtopf nehmen und Kartoffeln und Äpfel abgießen. Den Speck in Würfel schneiden. Die Milch mit Gewürznelken und Zimt erwärmen.

- Die gekochten Kartoffeln und Äpfel zerstampfen. So viel Gewürzmilch hinzufügen, dass ein cremiges Püree entsteht. Das Hackfleisch und den würfelig geschnittenen Speck untermengen und sofort servieren.

Eintopf mit weißen Bohnen und Karotten

für 4 Personen | Zubereitung: ca. 30 Minuten | Kochzeit: 1–1 1/2 Stunden

2 große Karotten
1 große Dose weiße Bohnen (700 g), abgetropft
50 g Butter
600 g Rindfleisch zum Kochen, in Würfel geschnitten
2 Schalotten, geschält und fein gehackt
3 Knoblauchzehen, geschält und fein gehackt
Salz und frisch gemahlener Pfeffer
200 ml Rinderbrühe (instant)
1 roter Paprika, in Streifen geschnitten
1 Teelöffel Paprikapulver
1 kleine Dose Tomatenmark

- Karotten schälen und würfelig schneiden. Die weißen Bohnen unter kaltem Wasser abspülen und in einem Sieb abtropfen lassen.

- Butter in einem Topf erhitzen und das Fleisch von allen Seiten anbräunen. Schalotten und Knoblauch hinzufügen und auf großer Flamme weiterbraten. Mit Salz und Pfeffer würzen. Die Rinderbrühe darübergießen und das Fleisch auf kleiner Flamme 1 – 1 1/2 Stunden kochen, bis es ganz weich ist.

- Karotten, weiße Bohnen, Paprikastreifen, Paprikapulver und Tomatenmark zum Fleisch hinzufügen und weitere 20 Minuten köcheln lassen. Bei Bedarf mit noch etwas Rinderbrühe aufgießen. Auf einem vorgewärmten Servierteller servieren.

Schmeckt ausgezeichnet mit frischem gemischtem Salat und Cocktailtomaten.

Holländischer Kartoffel-Hackfleischauflauf

für 4 Personen | Zubereitung: ca. 35 Minuten | Backofen: 25 Minuten

750 g mehlige Kartoffeln, geschält und in Stücke geschnitten
50 g Butter + etwas Butter zum Einfetten
500 g Rinderhackfleisch
1 Zwiebel, geschält und fein gehackt
200 ml Rinderbrühe
150 ml Milch
Salz und frisch gemahlener Pfeffer
1/2 Teelöffel Muskatnuss
2 Teelöffel Speisestärke
1 Teelöffel Kräuter der Provence
25 g Paniermehl
25 g reifer Gouda oder anderer reifer Hartkäse, gerieben
15 g kalte Butter

- Kartoffeln knapp mit Wasser bedecken und ca. 20 Minuten kochen lassen.

- Die Hälfte der Butter in einer tiefen Bratpfanne erhitzen und das Hackfleisch anbräunen. Die Zwiebel hinzufügen und weitere 5 Minuten braten. Rinderbrühe beifügen und ca. 10 Minuten kochen lassen.

- Den Backofen auf 200°C vorheizen. Die Milch in einem Topf erwärmen. Die Kartoffeln abgießen und mit der Milch und der übrigen Butter zerstampfen. Mit Salz, Pfeffer und Muskatnuss abschmecken.

- Speisestärke mit etwas Wasser anrühren und unter ständigem Rühren mit dem Hackfleisch mengen. Mit Salz und Kräutern der Provence nach Geschmack würzen.

- Eine Auflaufform leicht einfetten. Die Hälfte der Kartoffelmasse auf dem Boden der Auflaufform verstreichen. Darüber das Hackfleisch verteilen und dann mit dem Rest der Kartoffelmasse bedecken. Paniermehl und Käse darüberstreuen und ein paar Butterstückchen darauflegen. Den Hackfleischauflauf im Backofen 25 Minuten backen, bis sich eine goldbraune Kruste bildet.

Sauerkraut-„Stamppot"

für 4 Personen | Zubereitung: ca. 1 Stunde

600 g Sauerkraut
1 kg mehlige Kartoffeln, geschält und in Stücke geschnitten
1 Lorbeerblatt
50 g Butter
2 Zwiebeln, geschält und in Ringe geschnitten
100 g magerer Räucherspeck, in Würfel geschnitten
2 Esslöffel Mehl
4 Bratwürste

● Den Boden eines Kochtopfs mit Wasser bedecken und darin Sauerkraut und Kartoffeln zum Kochen bringen. Lorbeerblatt dazugeben und ca. 25–30 Minuten kochen lassen.

● Die Hälfte der Butter in einer Bratpfanne erhitzen und darin die Zwiebelringe auf kleiner Flamme 15 Minuten anbraten, bis sie braun und knusprig sind. Die Speckwürfel in einer anderen trockenen Pfanne anbraten, bis sie ebenfalls braun und knusprig sind.

● Mehl auf einen Teller geben und darin die Bratwürste rollen. Die restliche Butter in einem Topf erhitzen und darin die Würste braten, bis sie braun sind. Mit etwas Wasser aufgießen und 20 Minuten dünsten, bis die Würste fertig sind.

● Sauerkraut und Kartoffeln im Sieb abtropfen lassen und die Kochflüssigkeit bewahren. Das Sauerkraut mit den Kartoffeln zerstampfen und die gerösteten Zwiebelringe und Speckwürfel unterrühren. Wenn der „Stamppot" noch cremiger gewünscht wird, kann noch mehr Kochflüssigkeit hinzugefügt werden. Wenn nötig nachwürzen.

● Die Würste aus dem Bratensaft nehmen und den Bratensaft auf großer Flamme eindicken lassen. Den Sauerkraut-„Stamppot" mit den Bratwürsten und der Soße servieren.

Schmeckt köstlich mit gebratenen Ananasscheiben.

Grünkohl-„Stamppot"

für 4 Personen | Zubereitung: ca. 35 Minuten

1 1/2 kg mehlige Kartoffeln, geschält und in Stücke geschnitten
2 Zwiebeln, geschält und gehackt
600 g Grünkohl, gewaschen und fein gehackt
1 Lorbeerblatt
Salz und frisch gemahlener Pfeffer
1 Räucherwurst (350 g)
150 ml Milch
25 g Butter

- Kartoffeln, Zwiebeln, Grünkohl, Lorbeerblatt und Salz und Pfeffer in einen großen Kochtopf geben. Gerade so viel Wasser dazugeben, dass der Boden des Kochtopfs bedeckt ist. Auf kleiner Flamme ca. 25 Minuten kochen lassen, bis alles gar ist.

- In der Zwischenzeit die Räucherwurst ca. 25 Minuten in Wasser kochen, oder den Anweisungen auf der Verpackung folgen. Lorbeerblatt entfernen, Gemüse abtropfen lassen und pürieren.

- Milch und Butter erhitzen und in die Kartoffel-Grünkohl-Mischung einrühren, bis eine weiche Masse entsteht. Wenn nötig mit Salz und Pfeffer nachwürzen. Die Räucherwurst in Scheiben schneiden und den „Stamppot" damit garnieren.

Schmeckt ausgezeichnet mit grobem Senf, brauner Soße und knusprig gebratenen Speckstreifen.

Endivien-„Stamppot" mit Champignons und Käse

für 4 Personen | Zubereitung: ca. 50 Minuten

1 1/2 kg mehlige Kartoffeln, geschält und in Stücke geschnitten
Salz und frisch gemahlener Pfeffer
250 g Champignons
50 g Butter
200 g Räucherspeck, in Würfel geschnitten
150 ml Milch
600 g fein geschnittene Endivien
Muskatnuss
200 g reifer holländischer Kreuzkümmelkäse (oder anderer Hartkäse mit Kreuzkümmel)

- Kartoffeln knapp mit Wasser bedecken und 20–25 Minuten kochen lassen. Die Champignons putzen und in Scheiben schneiden.

- Butter in einer Bratpfanne erhitzen und die Speckwürfel anbraten. Die Champignons zum Speck dazugeben und weiterbraten.

- Die Milch in einem Topf erwärmen. Die Kartoffeln abgießen, zerstampfen und die warme Milch dazurühren. Die Endivien mit der Speck-Champignon-Mischung und dem Kartoffelpüree vermengen, mit Pfeffer und Muskatnuss abschmecken und nochmals erwärmen.

- Den Kreuzkümmelkäse in Stücke schneiden und in den „Stamppot" rühren. Das Gericht sofort servieren.

Kichererbsen mit Apfelsalat

für 4 Personen | Zubereitung: ca. 30 Minuten

2 Dosen oder Gläser Kichererbsen
2 Bramley-Äpfel
50 ml Apfelsaft
50 g Rosinen
25 g Butter
200 g Räucherspeck, in Würfel geschnitten
2 große Zwiebeln, geschält und fein gehackt
Pfeffer

- Kichererbsen abgießen und unter kaltem fließendem Wasser abspülen.

- Äpfel schälen, entkernen und grob schneiden. Die Apfelstücke mit Apfelsaft und Rosinen in einer Schüssel mischen und einweichen lassen.

- Butter in einer großen Pfanne erhitzen und die Speckwürfel knusprig braten. Zwiebeln dazugeben und weitere 10 Minuten braten.

- Kichererbsen, Speck und Zwiebeln vermengen und 10 Minuten gut durchwärmen. Nach Geschmack würzen und mit dem Apfelsalat servieren.

Passt ausgezeichnet zu Bratkartoffeln.

Spinatauflauf mit Tomaten und Kalbshackfleisch

für 4 Personen | Zubereitung: ca. 10 Minuten | Backofen: 25 Minuten

- 4 Fleischtomaten
- 25 g Butter + etwas Butter zum Einfetten
- 500 g Kalbshackfleisch
- 2 rote Zwiebeln, geschält und in Ringe geschnitten
- 1 Esslöffel fein gehackter Rosmarin
- 2 Esslöffel Tomatenmark
- 1 kg Spinat, gewaschen und geschnitten
- Salz
- Cayennepfeffer
- Kartoffelpüree für 4 Personen (siehe Seite 119)
- 100 g frischer Rahmkäse
- 50 g weißes Paniermehl

• Den Backofen auf 200°C vorheizen. Die Tomaten in dicke Scheiben schneiden.

• Die Butter in einer großen Bratpfanne erhitzen und das Kalbshackfleisch anbräunen. Zwiebeln, Rosmarin und Tomatenmark dazugeben und weitere 3 Minuten dünsten. Den Spinat nach und nach einrühren und auf großer Flamme kurz dünsten. Mit Salz und Cayennepfeffer nach Geschmack würzen.

• Eine Auflaufform mit etwas Butter einfetten. Die Hälfte des Kartoffelpürees auf dem Boden der Form verteilen und mit der Hackfleisch-Spinat-Mischung bedecken. Die Tomaten darüberlegen und mit dem restlichen Kartoffelpüree bedecken.

• Mit einer Schicht Frischkäse bestreichen und das Paniermehl darüberstreuen.
Im Backofen ca. 25 Minuten backen, bis sich eine goldbraune Kruste bildet.

Kalbfleischragout mit Reis

für 4 Personen | Zubereitung: ca. 1 1/2 Stunden

400 g Kalbfleisch, auf Zimmertemperatur
500 ml Kalbsfond
50 g Butter
1 Zwiebel
1 Bouquet garni (2 Zweigchen Thymian, 2 Petersilienstängel, 1 Lorbeerblatt)
Salz und frisch gemahlener Pfeffer
300 g Reis
2 Esslöffel fein gehackte Petersilie
40 g Mehl
150 ml Sahne
Zitronensaft
1 Prise Muskatnuss

- Das Kalbfleisch in kleine Stücke schneiden. Die Brühe in einem kleinen Topf erhitzen.

- 10 g Butter in einer Bratpfanne erhitzen und die Zwiebel glasig dünsten. Kalbfleisch dazugeben, heiße Brühe darübergießen und Bouquet garni und Gewürze hinzufügen. Zum Kochen bringen, zudecken und eine Stunde auf kleiner Flamme kochen lassen, bis das Fleisch weich ist.

- Den Reis entsprechend den Anweisungen auf der Verpackung kochen. Die Petersilie unterrühren.

- Die übrige Butter in einer schweren Pfanne erhitzen. Das Mehl einrühren und unter ständigem Rühren die Kochflüssigkeit vom Kalbfleisch langsam dazugießen. Weiterrühren, bis die Soße cremig und eingedickt ist. Das Kalbfleisch und die Sahne zufügen. Das Ragout ca. 10 Minuten köcheln lassen und mit ein paar Tropfen Zitronensaft, Salz, Pfeffer und Muskatnuss abschmecken.

- Eine kleine Tasse leicht einölen, den Reis einfüllen und gut anpressen. Auf einen warmen Teller stürzen. Das Ragout um den Reis anrichten und sofort servieren.

Hauptgerichte

Gebackener Käse mit pikantem Apfelkompott

für 4 Personen | Zubereitung: ca. 30 Minuten

3 feste Äpfel
50 ml Apfelsaft
2 Frühlingszwiebeln, fein geschnitten
2 Esslöffel Ingwerkonfitüre
2 Teelöffel scharfe Chilisauce
Salz und frisch gemahlener Pfeffer
300 g milder Gouda (oder anderer Hartkäse)
2 Eier, verquirlt
100 g Paniermehl
50 g Butter

- Die Äpfel schälen, entkernen und in kleine Stücke schneiden. Den Apfelsaft mit den Apfelstücken in einem Topf zum Kochen bringen. Ca. 5 Minuten kochen lassen, bis die Äpfel weich sind und die Flüssigkeit verdampft ist. Frühlingszwiebeln, Ingwerkonfitüre und Chilisauce einrühren. Salz und Pfeffer nach Geschmack beifügen. Das Kompott kühl stellen.

- Den Käse in 4 gleiche, ca. 2 cm dicke Scheiben schneiden. Die verquirlten Eier und das Paniermehl in jeweils einen tiefen Teller geben. Die Käsescheiben zuerst im Ei und dann im Paniermehl wenden. Den Vorgang wiederholen und das Paniermehl immer gut andrücken.

- Die Butter in einer Bratpfanne erhitzen und die Käsescheiben auf hoher Flamme ca. 4 Minuten kurz anbraten, bis sie goldbraun sind. Zwischendurch einmal wenden. Die Käsescheiben sind fertig, bevor der Käse zu weich wird.

- Den gebackenen Käse mit einigen Löffeln Apfelkompott servieren.

Schmeckt ausgezeichnet mit kleinen gekochten Frühkartoffeln und Feldsalat.

Gedünsteter Kabeljau mit Tomate, Zitrone und Petersilie

4 Personen | Zubereitung: ca. 20 Minuten

600 g dickes Kabeljaufilet
Salz und frisch gemahlener Pfeffer
1 Zitrone
75 g Butter
3 Frühlingszwiebeln oder
1 kleiner Lauch, fein geschnitten
1 kleiner Bund Petersilie, fein gehackt
2 Tomaten, gehäutet und geschnitten

- Den Kabeljau mit Küchenpapier trockentupfen. In 4 gleiche Filetstücke schneiden und gut würzen. Von der Zitrone 4 Scheiben abschneiden. Die restliche Zitrone auspressen.

- 50 g Butter in einer tiefen Bratpfanne erhitzen und die Kabeljaufilets hinzufügen. Mit Frühlingszwiebeln oder Lauch und Petersilie bestreuen. Mit Zitronensaft beträufeln und jedes Kabeljaufilet mit einigen Tomatenstücken und einer Zitronenscheibe belegen. Mit Salz und Pfeffer würzen und die restliche Butter über den Fisch verteilen.

- Die Pfanne zudecken und die Kabeljaufilets ca. 8 Minuten auf kleiner Flamme dünsten, bis sie fertig sind.

- Die Fischfilets auf vier vorgewärmten Tellern anrichten und mit frischer Petersilie garnieren. Die Kochflüssigkeit noch weitere 2 Minuten auf großer Flamme kochen, etwas eindicken lassen und dann über den Fisch gießen.

Schmeckt ausgezeichnet mit Zuckererbsen und kleinen Frühkartoffeln.

Gedämpfte Miesmuscheln mit Kräutersauce

für 2 Personen | Zubereitung: ca. 25 Minuten

2 kg Miesmuscheln
50 g Butter
200 ml Weißwein
2 kleine Karotten, geschält und in Scheiben geschnitten
200 g Lauch, in Scheiben geschnitten
1 Knoblauchzehe, fein geschnitten
2 Zweigchen Thymian
1 Petersilienstängel
Für die Kräutersauce:
1/2 Esslöffel Speisestärke
125 ml Crème fraîche
1/2 kleiner Bund Schnittlauch, fein gehackt
1/2 kleiner Bund Kerbel, fein gehackt
1/2 kleiner Bund Petersilie, fein gehackt
frisch gemahlener Pfeffer

- Die Muscheln unter kaltem fließendem Wasser gründlich abbürsten. Beschädigte oder geöffnete Muscheln, die sich nicht mehr schließen, wenn man sie leicht auf die Arbeitsfläche klopft, aussortieren.

- In einem großen, schweren Kochtopf die Butter erhitzen. Die Muscheln hineingeben und Karotten, Lauch, Knoblauch, Thymian und Petersilie darüberstreuen. Weißwein dazufügen und alles auf großer Hitze zum Kochen bringen. Die Muscheln ca. 8 Minuten kochen lassen, bis sich alle Muschelschalen geöffnet haben. Den Topf während des Kochens einige Male gut schütteln. Muscheln, die sich nicht geöffnet haben, aussortieren.

- Die Muscheln mit dem Gemüse in eine tiefe, vorgewärmte Schüssel geben und warm stellen. Im selben Kochtopf 200 ml von der Kochflüssigkeit weiterkochen lassen, bis 2/3 davon verdampft sind. Die Speisestärke mit der Crème fraîche vermengen, zur Kochflüssigkeit geben und gut einrühren. Weiterrühren, bis sich eine glatte Sauce bildet. Die Sauce ca. 2 Minuten köcheln lassen und dann die fein gehackten Kräuter einrühren. Nach Geschmack mit Pfeffer würzen.

- Die heiße Kräutersauce über die Muscheln gießen oder separat servieren.

Gebratene Scholle mit Mandeln und Orangensauce

für 2 Personen | Zubereitung: ca. 20 Minuten

50 g Mehl
2 Schollen
Salz und frisch gemahlener Pfeffer
1 Teelöffel Paprikapulver
50 g Butter
1 Orange, ausgepresst
75 ml halbtrockener Sherry
50 g Mandelblättchen
1 Esslöffel fein gehackter Schnittlauch

- Das Mehl auf einen Teller geben. Die Schollen mit Küchenpapier trockentupfen, mit Salz, Pfeffer und Paprikapulver einreiben und im Mehl wenden.

- Die Butter in einer großen Bratpfanne erhitzen und die Schollen auf mittlerer Hitze ca. 8-10 Minuten braten, bis sie goldbraun sind. Nach halber Bratzeit die Fische wenden.

- Die gebratenen Fische auf zwei vorgewärmte Teller legen und mit Aluminiumfolie abdecken, damit sie nicht auskühlen. Den Bratensatz mit Orangensaft und Sherry ablöschen, ca. 2 Minuten kurz kochen und eindicken lassen.

- In einer trockenen Pfanne die Mandelblättchen goldbraun anrösten und mit dem Schnittlauch über die Schollen streuen. Die Orangensauce separat dazu servieren.

Schmeckt ausgezeichnet mit Safranreis und frischen grünen Erbsen.

Cremiger Fischauflauf mit Brokkoli

für 4 Personen | Zubereitung: ca. 25 Minuten | Backofen: 25 Minuten

500 g Brokkoliröschen
Salz und frisch gemahlener Pfeffer
25 g Butter
1 große rote Zwiebel, geschält und geschnitten
1 gelber Paprika, geschnitten
300 g Kabeljaufilet
300 g Lachsfilet
geriebene Schale und Saft von 1 Zitrone
100 g Frischkäse
100 ml Sahne
1/2 Esslöffel frische Thymianblätter
1 Prise Muskatnuss
100 g gekochte Muscheln
100 g holländische Shrimps oder Garnelen, geschält
50 g reifer Gouda (oder anderer reifer Hartkäse), gerieben

- Den Backofen auf 200°C vorheizen. Die Brokkoliröschen 3 Minuten in kochendem Salzwasser blanchieren. In einem Sieb abtropfen lassen.

- Butter in einer Pfanne erhitzen, Zwiebel und Paprika dazugeben und langsam ca. 5 Minuten braten. Kabeljau und Lachs in 3 cm große Stücke schneiden und mit Zitronensaft beträufeln.

- Frischkäse in einer großen Schüssel mit Sahne, Thymian, Muskatnuss, Salz, Pfeffer und geriebener Zitronenschale vermischen. Brokkoli, Kabeljau, Lachs, Muscheln, Shrimps und die Zwiebel-Paprika-Mischung dazugeben und verrühren. In eine flache Auflaufform füllen und mit dem geriebenen Käse bestreuen. Ca. 25 Minuten im Ofen backen, bis der Auflauf schön goldbraun ist.

Schmeckt ausgezeichnet mit Kartoffelpüree und einem Karotten-Petersilie-Salat.

Rinderrouladen gefüllt mit Hackfleisch und Speck

für 4 Personen | Zubereitung: ca. 20 Minuten | Kochzeit: 30-40 Minuten

etwas Milch
1 Scheibe altes Brot ohne Rinde
200 g Hackfleisch vom Rind und Schwein
Salz und frisch gemahlener Pfeffer
Muskatnuss
4 Scheiben Rindfleisch zum Kochen oder rohes Roastbeef (Gesamtgewicht 400 g), so dünn wie möglich geklopft
4 Speckstreifen
4 kleine Essiggurken
50 ml Rinderbrühe
25 g Butter
100 ml Buttermilch

- In einer flachen Schüssel das Brot in der Milch einweichen. Hackfleisch daruntermischen und nach Geschmack mit Salz, Pfeffer und Muskatnuss würzen.

- Die Rindfleischscheiben mit der Hackfleischmischung bestreichen. Auf jede Scheibe einen Speckstreifen und eine Essiggurke legen und die Scheiben einrollen. Mit einem Zahnstocher festmachen.

- Die Rinderbrühe in einem kleinen Topf erwärmen. In einem großen Topf die Butter erhitzen und die Rinderrouladen auf großer Flamme schnell anbraten. Mit Salz und Pfeffer bestreuen. Die gewärmte Rinderbrühe darübergießen, zudecken und langsam ca. 30-40 Minuten dünsten lassen, bis das Fleisch gar gekocht ist.

- Die Rinderrouladen aus dem Kochtopf nehmen und die Zahnstocher entfernen. Die Buttermilch in den Bratensaft einrühren und die Soße zum Fleisch servieren.

Schmeckt köstlich mit Kartoffelpüree, grünen Bohnen und Gurkensalat.

Pikantes Brathähnchen

für 4 Personen | Zubereitung: ca. 30 Minuten | Backofen: 1-1 1/4 Stunden

- 1 Zitrone
- 1200 g Freilandhuhn, auf Zimmertemperatur
- Salz und frisch gemahlener Pfeffer
- 4 Zweigchen frischer Thymian
- 50 g Butter
- 1 Prise Chilipulver
- 1 Esslöffel Currypulver
- 100 ml Weißwein

● Den Backofen auf 200°C vorheizen. Die halbe Zitrone in Scheiben schneiden und die andere Hälfte auspressen. Das Huhn mit Küchenpapier trockentupfen. Das Innere des Huhns mit Salz und Pfeffer bestreuen und mit Zitronenscheiben, Thymian und der Hälfte der Butter füllen. Mit einigen Zahnstochern schließen.

● Die restliche Butter in einem kleinen Topf erhitzen. Chilipulver, Currypulver und nach Geschmack Salz und Pfeffer dazurühren. Das Hähnchen mit der pikanten Butter einpinseln, die Beine zusammenbinden und in eine Bratenform (auf einen Rost) legen.

● Das Huhn 1-1 1/4 Stunden auf mittlerer Schiene im Ofen braten, bis es weich und goldbraun ist. Regelmäßig mit dem Bratensatz einpinseln. Wenn das Huhn zu dunkel wird, mit Aluminiumfolie abdecken. Das Brathähnchen aus dem Ofen nehmen und ca. 5 Minuten ruhen lassen.

● Den Bratensatz in der Bratenform auf großer Flamme erwärmen und mit Zitronensaft und Weißwein ablöschen. Schnell kochen lassen, bis sich eine dünne Sauce bildet.

Schmeckt köstlich mit Brokkoli und Bratkartoffeln.

Rindfleisch mit Preiselbeerkompott

für 4 Personen | Zubereitung: ca. 30 Minuten | Kochzeit: 2 1/2-3 Stunden

750 g Rindfleisch zum Kochen
250 ml Rinderbrühe
100 g Butter
Salz und frisch gemahlener Pfeffer
3 Zwiebeln, geschält, 1 fein gehackt, 2 in dünne Ringe geschnitten
2 Lorbeerblätter
2 Gewürznelken
1 Teelöffel Wacholderbeeren
2 Zweigchen Rosmarin
2 Esslöffel Essig
450 g Preiselbeeren
200 ml Orangensaft
50 g Zucker

- Das Rindfleisch mit Küchenpapier trockentupfen. Die Rinderbrühe in einem Topf erhitzen.

- Die Hälfte der Butter in einer schweren Pfanne erhitzen und das Fleisch an beiden Seiten anbräunen. Mit Salz und Pfeffer würzen, die fein gehackte Zwiebel dazugeben und weitere 2 Minuten braten. Die Rinderbrühe über das Fleisch gießen. Kräuter und Essig beifügen und zum Kochen bringen. Zudecken und auf schwacher Hitze 2 1/2-3 Stunden kochen lassen, bis das Fleisch weich ist.

- Preiselbeeren, Orangensaft und Zucker zum Kochen bringen. Ständig rühren, bis die Preiselbeeren auseinanderfallen. Den Topf von der Flamme nehmen und auskühlen lassen.

- Die restliche Butter in einer Pfanne erhitzen und die Zwiebelringe ca. 3 Minuten glasig dünsten.

- Die Lorbeerblätter herausnehmen. Das Fleisch mit den Zwiebelringen garnieren und das Preiselbeerkompott dazu anrichten. Sofort servieren.

Kaninchen mit Senfcremesauce

für 4 Personen | Zubereitung: ca. 20 Minuten | Dünsten: 1 Stunde

4 große Kaninchenstücke
60 g Butter
Salz und frisch gemahlener Pfeffer
2 Esslöffel feiner Senf
2 Esslöffel grober Senf
1 1/2 Esslöffel fein gehackter Thymian
400 ml Weißwein
150 ml Sahne

- Die Kaninchenstücke mit Küchenpapier trockentupfen. In einem großen Kochtopf die Butter auf hoher Hitze erwärmen und die Kaninchenstücke auf allen Seiten anbräunen. Aus dem Kochtopf nehmen, mit Salz und Pfeffer bestreuen und mit feinem Senf bestreichen.

- Den Bratensatz mit Weißwein ablöschen, groben Senf und Thymian einrühren und zum Kochen bringen. Die Kaninchenstücke wieder dazugeben, zudecken und langsam auf kleiner Flamme ca. 1 Stunde kochen lassen, bis das Fleisch mürbe ist. Die Fleischstücke oft wenden.

- Die Kaninchenstücke aus dem Kochtopf nehmen, auf einen vorgewärmten Servierteller legen, mit Aluminiumfolie abdecken und warmhalten. Die Sahne in die Kochflüssigkeit einrühren und die Soße auf großer Flamme eindicken lassen. Wenn nötig nachwürzen.

- Die Soße über die Kaninchenstücke gießen.

Schmeckt ausgezeichnet mit gedünstetem Wirsingkohl und Reis.

Hasenpfeffer

für 4 Personen | Zubereitung: ca. 20 Minuten | Marinieren: 8 Stunden | Kochen: 2 Stunden

1 Chilischote, fein geschnitten
1 Zwiebel, geschält und in große Stücke geschnitten
3-4 Gewürznelken
2 Esslöffel fein gehackter Thymian
Salz und frisch gemahlener Pfeffer
1 Esslöffel Rotweinessig
500 ml Rotwein
1 Hase, in Stücke geschnitten (vom Fleischer schneiden lassen)
75 g Butter
100 g Räucherspeck, in kleine Stücke geschnitten
3 Esslöffel Mehl
1 kleine Dose Tomatenmark
2 dicke Scheiben Gewürzkuchen, gewürfelt

- Chili, Zwiebel, Gewürznelken, Thymian und einen Teelöffel Salz in einer großen Schüssel vermengen. Die Hasenstücke mit dem Weinessig und dem Rotwein dazumengen. Mit einer Frischhaltefolie abdecken und zum Marinieren für mindestens 8 Stunden in den Kühlschrank stellen. Danach das Fleisch aus der Marinade nehmen, trockentupfen und die Marinade abseihen.

- Butter in einer großen Pfanne erhitzen und jeweils einige Fleischstücke auf großer Hitze anbräunen. Aus der Pfanne nehmen.

- Im übrig gebliebenen Fett die Speckstücke ca. 3 Minuten anbraten. Mehl und Tomatenmark dazurühren und die Mehlschwitze ein paar Minuten auf kleiner Flamme langsam anbraten. Mit dem Schneebesen gut rühren und nach und nach die Marinade dazugießen. Unter ständigem Rühren zum Kochen bringen, damit sich eine dicke, cremige Soße bilden kann.

- Gewürzkuchen in die Soße einrühren und die Hasenstücke dazugeben. Zudecken und 2 Stunden auf kleiner Flamme köcheln lassen.

- Das Fleisch auf einem vorgewärmten Servierteller anrichten und die Soße separat servieren.

Schmeckt köstlich mit Rosenkohl und gebackenem Kartoffelpüree.

Pikantes Rindfleisch mit Zwiebeln

für 4 Personen | Zubereitung: ca. 10 Minuten | Kochzeit: 2 1/2-3 Stunden

50 g Butter
750 g Rindfleisch zum Kochen, würfelig geschnitten
Salz und frisch gemahlener Pfeffer
500 g Zwiebeln, geschält und geschnitten
1 Esslöffel Mehl
500 ml Rinderbrühe
2 Lorbeerblätter
2-3 Gewürznelken
2 Esslöffel Essig
125 ml Crème fraîche

- Butter in einer schweren Bratpfanne erhitzen und das Rindfleisch auf großer Flamme anbräunen. Mit Salz und Pfeffer würzen. Die Zwiebeln hinzufügen und noch ein paar Minuten weiterbraten. Mit dem Mehl bestäuben, gut vermischen und braten, bis alles leicht angebräunt ist.

- Die Rinderbrühe erhitzen, Lorbeerblätter, Gewürznelken und Essig dazugeben und über das Fleisch gießen. Zudecken und ca. 2 1/2-3 Stunden langsam köcheln lassen.

- Lorbeerblätter und Gewürznelken entfernen und Crème fraîche einrühren.

- Mit gekochten Kartoffeln und gedünstetem Rotkraut (Seite 115) servieren.

Gedünstetes Huhn mit Trockenfrüchten

für 4 Personen | Zubereitung: ca. 30 Minuten | Einweichen: 8 Stunden | Dünsten: 40-45 Minuten

250 g Trockenfrüchtemischung
1 Zimtstange
3 Esslöffel Mehl
4 Hühnerkeulen
Salz und frisch gemahlener Pfeffer
30 g Butter
1 Zwiebel, geschält und fein gehackt
100 g Speck, in dünne Streifen geschnitten
1/4 Liter Gemüsebrühe
1 Lorbeerblatt
1 Esslöffel frischer Thymian oder
1 Teelöffel getrockneter Thymian
250 g Champignons
geriebene Schale von 1 Zitrone
1 Päckchen Vanillezucker

- In einer großen Schüssel die Trockenfrüchte mit der Zimtstange 8 Stunden in Wasser einweichen.

- Das Mehl in eine flache Schüssel geben. Die Hühnerkeulen mit Salz und Pfeffer würzen und im Mehl wenden.

- In einer großen Pfanne die Butter erhitzen und die Hühnerkeulen auf großer Hitze schnell anbräunen. Die Hühnerkeulen herausnehmen und Zwiebel und Speck im Hühnerfett ca. 3 Minuten anbraten. Mit der Gemüsebrühe aufgießen und Lorbeerblatt und Thymian dazugeben. Die Hühnerkeulen zurück in die Pfanne geben. Zudecken und auf kleiner Flamme ca. 40-45 Minuten kochen lassen. Hin und wieder die Hühnerkeulen wenden.

- Champignons putzen und in Scheiben schneiden. Die letzten 10 Minuten der Kochzeit mit dem Huhn mitkochen.

- Die Trockenfrüchte mit dem Einweichwasser und Vanillezucker in einen kleinen Topf geben und ca. 20 Minuten köcheln lassen.

- Die Hühnerkeulen auf Tellern anrichten und dazu die Trockenfrüchte servieren.

Gemüse und Beilagen

Bratkartoffeln mit Kräutern und Knoblauchcreme

für 4 Personen | Zubereitung: ca. 25 Minuten

1 kg festkochende (speckige) Kartoffeln
40 g Butter
2 Schalotten, geschält und fein gehackt
1 Esslöffel fein gehackter Thymian
3 Knoblauchzehen, geschält
150 ml Crème fraîche
50 ml Joghurt
Salz und frisch gemahlener Pfeffer
1 Prise Paprikapulver
1 Esslöffel fein gehackte Petersilie
1 Esslöffel fein gehackter Schnittlauch

- Die Kartoffeln nicht schälen, aber gründlich waschen und in gleich große Spalten schneiden. Mit Wasser gerade bedecken und 7 Minuten kochen. Gut abgießen.

- Die Butter in einer großen Pfanne erhitzen, bis sie braun ist. Darin Kartoffeln, Schalotten und Thymian ca. 8 Minuten auf großer Flamme anbraten, bis sie goldbraun und gut durch sind.

- Knoblauchzehen in eine kleine Schüssel pressen. Crème fraîche und Joghurt einrühren und reichlich mit Salz, Pfeffer und Paprika nach Geschmack würzen.

- Gehackte Petersilie und Schnittlauch unter die Bratkartoffeln rühren und nachwürzen. Mit der Knoblauchcreme servieren.

Passt sehr gut zu Kabeljau und Dorsch.

Rotkrautsalat

für 4 Personen | Zubereitung: ca. 10 Minuten | Ruhezeit: 2 Stunden

400 g fein geschnittenes Rotkraut
1 Zwiebel, geschält und fein gehackt
5 Esslöffel Sonnenblumenöl
2 Esslöffel Mayonnaise
1 Teelöffel Senf
1 Teelöffel Kümmel
2 Esslöffel Zitronensaft
25 g geschälte Walnüsse

- Das Rotkraut mit der Zwiebel in einer großen Salatschüssel vermischen.

- Öl mit Mayonnaise, Senf, Kümmel und Zitronensaft in einer kleinen Schüssel vermengen. Dieses Dressing mit dem Kraut vermischen. Für mindestens 2 Stunden stehen lassen, damit das Kraut das Dressing aufnehmen kann.

- Den Salat mit Walnüssen garnieren.

Klassisches Kartoffelpüree

für 4 Personen | Zubereitung: ca. 35 Minuten

1 kg mehlige Kartoffeln, geschält und in Stücke geschnitten
Salz und frisch gemahlener Pfeffer
200 ml Milch
50-75 g Butter
eventuell fein gehackte Petersilie
Muskatnuss

- Kartoffeln mit etwas Salz ca. 25 Minuten in ca. 3 cm Wasser kochen.

- Milch und Butter in einem Topf erhitzen. Kartoffeln abgießen und ausdampfen lassen. Mit einem Kartoffelstampfer fein stampfen oder durch eine Kartoffelpresse drücken. Die warme Milch mit Butter dazugeben und gut verrühren, bis das Püree schön cremig ist.

- Eventuell Petersilie unterrühren und mit Salz, Pfeffer und Muskatnuss abschmecken.

Gedünstetes Rotkraut mit Zimt und Rosinen

für 4 Personen | Zubereitung: ca. 45 Minuten

2 Äpfel
50 g Butter
1 Zwiebel, geschält und fein gehackt
800 g Rotkraut, fein geschnitten
150 ml Orangensaft
2 Esslöffel weicher brauner Zucker
1 Esslöffel Zimt
2 Gewürznelken
2 Lorbeerblätter
100 g Rosinen

- Die Äpfel schälen, entkernen und fein schneiden.

- Die Hälfte der Butter in einem großen Topf erhitzen und Zwiebel und Äpfel ca. 4 Minuten braten, bis sie weich sind. Rotkraut und Orangensaft untermischen. Zucker, Zimt, Gewürznelken, Lorbeerblatt und Rosinen dazugeben. Mit Wasser bedecken und auf kleiner Flamme ca. 30 Minuten dünsten, bis das Rotkraut weich gekocht ist. Hin und wieder umrühren.

- Gewürznelken und Lorbeerblätter entfernen und die übrige Butter einrühren. Das Rotkraut auf vorgewärmten Tellern servieren.

Schmeckt ausgezeichnet zu pikantem Rindfleisch mit Zwiebeln (Seite 109).

Klassische Saucen

Käsesauce (für Gemüse)

25 g Butter
25 g Mehl
1/4 Liter Milch
75-100 g reifer Gouda oder anderer Hartkäse, gerieben
Salz und frisch gemahlener Pfeffer
eventuell Muskatnuss

- Butter in einem kleinen Topf erhitzen und das Mehl einrühren. 2-3 Minuten köcheln lassen und häufig umrühren, damit die Mehlschwitze nicht anbrennt.

- Langsam die Milch hinzufügen und weiterrühren, bis die Sauce anfängt zu kochen und eine weiche cremige Konsistenz bekommt. Den Käse hinzugeben und rühren, bis er vollständig geschmolzen ist.

- Nach Geschmack mit Salz, Pfeffer und eventuell Muskatnuss würzen.

Garnelensauce (für Fisch)

25 g Butter
25 g Mehl
1/4 Liter Fischbrühe
75 g braune holländische Garnelen
2-3 Esslöffel Sahne
Salz und frisch gemahlener Pfeffer

- Butter in einem kleinen Topf erhitzen und das Mehl einrühren. 2-3 Minuten köcheln lassen und häufig umrühren, damit die Mehlschwitze nicht anbrennt.

- Langsam die Fischbrühe hinzufügen und weiterrühren, bis die Sauce anfängt zu kochen und eine weiche cremige Konsistenz bekommt.

- Noch 1-2 Minuten weiterköcheln lassen und nach Geschmack würzen. Die Sahne hinzufügen, die Garnelen unterrühren und gut durchwärmen.

Orangen-Thymian-Sauce (für Geflügel)

Foto auf Seite 120

15 g Butter
1 Schalotte, fein gehackt
2 Esslöffel frischer Thymian oder
2 Teelöffel getrockneter Thymian
100 ml Hühnerbrühe
100 ml Gemüsebrühe
200 ml Orangensaft
125 ml Crème fraîche
Salz und frisch gemahlener Pfeffer

- Butter in einem kleinen Topf erhitzen und darin die Schalotte anbraten. Thymian, Brühe und Orangensaft einrühren. Zum Kochen bringen und köcheln lassen, bis die Hälfte der Flüssigkeit verdampft ist.

- Die Crème fraîche einrühren und ein paar Minuten kochen lassen, bis die Sauce eingedickt ist.

- Nach Geschmack mit Salz und Pfeffer würzen.

Champignoncremesauce (für weißes Fleisch)

35 g Butter (oder Bratenfett)
1 kleine Zwiebel, fein gehackt
150 g Champignons
2 Teelöffel Mehl
100 ml Wasser
125 ml Sahne
Salz und frisch gemahlener Pfeffer
1 Esslöffel Petersilie, fein gehackt

- Butter in einem kleinen Topf erhitzen und darin die Zwiebel und Champignons ca. 5 Minuten braten. Mehl und Wasser vermengen, bis sich eine weiche Masse bildet. Diese zur Zwiebel-Champignon-Mischung gießen und gut rühren, damit sich die Sauce nicht auf dem Boden des Topfes anlegen kann.

- Sahne einrühren und langsam zum Kochen bringen. 5 Minuten köcheln lassen. Nach Geschmack würzen und die Petersilie hinzufügen.

Rotweinsauce (für rotes Fleisch)

30 g Butter (oder Bratenfett)
2 Schalotten, fein gehackt
25 g Mehl
250 ml Fleischbrühe
100 ml Rotwein
1/2 Teelöffel Zucker
Salz und frisch gemahlener Pfeffer

- Butter in einem kleinen Topf erhitzen und darin die Schalotten anbraten. Gut rühren, damit sich die Sauce nicht auf dem Boden des Topfes anlegen kann.

- Das Mehl einrühren und unter ständigem Rühren die Fleischbrühe dazugießen. Zum Kochen bringen und die Sauce ein paar Minuten eindicken lassen.

- Den Rotwein hinzufügen und mit Zucker, Salz und Pfeffer nach Geschmack würzen.

Desserts

Bratäpfel mit Vanillesauce

für 4 Personen | Zubereitung: ca. 20 Minuten | Backofen: 30 Minuten

- 4 kleine Cox Orange-Äpfel
- 50 g Rosinen
- 80 g Zucker
- 1 Teelöffel Zimt
- 25 g Butter + etwas Butter zum Einfetten
- 40 g Vanillepuddingpulver
- 800 ml Milch

● Den Backofen auf 175°C vorheizen.

● Die Äpfel schälen und mit einem Apfelentkerner entkernen. Rosinen in einer Schüssel mit 2 Esslöffel Zucker und 1 Teelöffel Zimt vermischen. Eine Backform mit Butter einfetten. Die Äpfel mit dem Loch nach oben hineinlegen und in die ausgestochenen Mitten die Rosinenmischung füllen. Auf jeden Apfel ein Stück Butter legen und im Ofen 30 Minuten backen, bis sie gar sind.

● Das Puddingpulver in einer Schüssel mit dem übrigen Zucker und 100 ml Milch zu einer cremigen Paste verrühren.

● Die übrige Milch in einem kleinen Topf zum Kochen bringen und die Vanillepaste einrühren. Weiterrühren, bis die Vanillesauce weich und dick ist.

● Die Äpfel aus dem Ofen nehmen, die warme Vanillesauce darübergießen und heiß servieren.

Gedünstete Rotweinbirnen

für 4 Personen | Zubereitung: ca. 15 Minuten | Kochzeit: ca. 2 1/2 Stunden

1 kg kleine Kochbirnen
3 Gewürznelken
1 Stück Zitronenschale
2 Zimtstangen
50 g weicher brauner Zucker
200 ml Rotwein
100 ml schwarzer Johannisbeerlikör
1 Esslöffel Kartoffelstärke oder Pfeilwurzmehl
frische Pfefferminzblätter

- Die Birnen im Ganzen (auch die Stiele dranlassen) mit einem Gemüseschäler schälen.

- Die Gewürznelken in die Zitronenschale stecken. Birnen, Zitronenschale, Zimtstangen und Zucker in einen großen Topf geben und Rotwein und Likör hinzufügen. Mit etwas Wasser aufgießen, bis die Birnen gerade bedeckt sind. Zudecken, zum Kochen bringen und 2 1/2 Stunden köcheln lassen, bis die Birnen weich sind.

- Zitronenschale und Zimtstangen entfernen. Die Birnen vorsichtig aus dem Kochtopf nehmen und auf einen Servierteller legen.

- Die Kartoffelstärke in einer Tasse mit etwas Kochflüssigkeit der Birnen anrühren und dann in den Kochtopf zurückgießen. Unter ständigem Rühren zum Kochen bringen. Hitze zurückdrehen und köcheln lassen, bis sich eine weiche, dicke Sauce bildet. Die Sauce über die Kochbirnen gießen. Mit frischen Pfefferminzblättern garnieren und heiß oder kalt servieren.

Schmeckt ausgezeichnet mit Zimteis und Schlagsahne.

Reispudding mit braunem Zucker

für 4 Personen | Zubereitung: ca. 1 Stunde

1 Vanilleschote
1 Liter Milch
150 g Rundkornreis
4 Esslöffel weicher brauner Zucker
40 g Butter
gemahlener Zimt

- Die Vanilleschote der Länge nach aufschneiden. Milch und Vanilleschote in einem schweren Kochtopf zum Kochen bringen. Den Rundkornreis einrühren und unter ständigem Rühren wieder zum Kochen bringen. Auf kleiner Flamme ca. 50 Minuten langsam kochen lassen. Regelmäßig umrühren.

- Vanilleschote aus dem Topf nehmen, das schwarze Vanillemark herausschaben und in den Reispudding einrühren.

- Den heißen Reispudding in vier Dessertschüsseln füllen und mit braunem Zucker bestreuen. Mit einem Stückchen Butter garnieren und Zimtpulver darüberstreuen.

Schmeckt ausgezeichnet mit Aprikosenkompott.

Grießpudding mit roter Johannisbeersauce

für 4-6 Personen | Zubereitung: ca. 30 Minuten | Kühlen: 1-2 Stunden

800 ml Milch
Schale von 1 Zitrone (nicht gerieben)
80 g Grieß
125 g Zucker
1/4 Liter roter Johannisbeersaft
1 Zimtstange
1 Esslöffel Kartoffelstärke oder Pfeilwurzmehl

- Milch und die halbe Zitronenschale in einem schweren Topf zum Kochen bringen. 10 Minuten leicht köcheln lassen.

- Den Grieß mit der Hälfte des Zuckers in einer kleinen Schüssel vermischen. Die Zitronenschale aus der Milch nehmen und die Grießmischung hineinrühren. So lange rühren, bis der Grieß eindickt. Hitze reduzieren und 8 Minuten leicht köcheln lassen. Eine 1-Liter-Puddingform unter kaltem Wasser abspülen. Die Grießmasse in die Form gießen, abkühlen lassen und 1-2 Stunden im Kühlschrank fest werden lassen.

- Roten Johannisbeersaft, 100 ml Wasser, Zimtstange und übrige Zitronenschale in einem Topf zum Kochen bringen. Hitze reduzieren und 10 Minuten leicht köcheln lassen. Hin und wieder umrühren. Zimtstange und Zitronenschale entfernen. Restlichen Zucker dazugeben und rühren, bis sich der Zucker vollständig aufgelöst hat. Die Kartoffelstärke in einer Tasse mit 1 Esslöffel Wasser verrühren, bis sich eine weiche Paste bildet. In die heiße Sauce einrühren und weiterrühren, bis alles gut vermischt ist. Kühl stellen.

- Den Grießpudding auf einen Teller stürzen und mit roter Johannisbeersauce beträufeln. Die restliche Sauce dazuservieren.

Apfelauflauf

für 6-8 Personen | Zubereitung: ca. 30 Minuten | Backofen: 50-60 Minuten

1 kg säuerliche Äpfel
1 Packung Zwieback
3 Eier
50 g Butter + etwas Butter zum Einfetten
100 g Zucker
2 Teelöffel Zimt
1 Teelöffel Ingwerpulver
1 Prise gemahlene Gewürznelken
125 g Rosinen
Puderzucker

- Den Backofen auf 175°C vorheizen. Die Äpfel schälen, entkernen und in Scheiben schneiden. Die Äpfel mit etwas Wasser zu einem dicken Püree kochen. Den Zwieback zerbröseln.

- Die Eier trennen und das Eiweiß in einer sauberen Schüssel steif schlagen. Eine Tortenform (24 cm Durchmesser) mit Butter einfetten.

- Zwieback, Butter, Zucker, Zimt, Ingwer, Gewürznelken, Rosinen und die (geschlagenen) Eidotter mit dem Apfelmus vermengen. Den Eischnee vorsichtig unterheben und die Masse in die Tortenform gießen. Die Oberfläche glatt streichen.

- Den Apfelauflauf auf mittlerer Schiene 50-60 Minuten backen, bis er goldbraun und durchgebacken ist. Abkühlen lassen und reichlich Puderzucker darüberstreuen.

Dazu passt sehr gut kalte Vanillesauce, Schlagsahne oder Eis.

Buttermilchpudding

für 4 Personen | Zubereitung: ca. 25 Minuten | Kühlen: 3-4 Stunden

2 Zitronen
12 Gelatineblätter
125 g Zucker
500 ml Buttermilch
1/2 Esslöffel Sonnenblumenöl
125 ml Schlagsahne
2 Päckchen Vanillezucker
250 g Erdbeeren, halbiert

- Eine der Zitronen gründlich waschen und ein Stück Schale (ca. 5 cm) abschneiden. Beide Zitronen auspressen. Die Gelatineblätter in einer großen Schüssel mit kaltem Wasser einweichen lassen.

- In einem Topf 100 ml Wasser und das Stück Zitronenschale zum Kochen bringen. 10 Minuten leicht köcheln lassen. Von der Hitzequelle nehmen und die Zitronenschale entfernen. Die Gelatineblätter gut ausdrücken und in das Zitronenwasser einrühren. Zucker und Zitronensaft dazugeben und rühren, bis sich der Zucker vollständig aufgelöst hat. Unter ständigem Rühren die Buttermilch untermengen. Abkühlen lassen, bis die Masse etwas fester geworden ist.

- Eine 1-Liter-Puddingform (nicht aus Aluminium!) leicht einfetten und die Buttermilchmischung hineingießen. 3-4 Stunden im Kühlschrank fest werden lassen.

- Die Schlagsahne mit dem Vanillezucker steif schlagen.

- Einen großen Teller auf die Form legen und mit der Form so umdrehen, dass der Pudding aus der Form auf den Teller rutschen kann.

- Mit den Erdbeerhälften garnieren und mit Vanilleschlagsahne servieren.

Joghurtcreme mit Dörrpflaumen

für 4 Personen | Zubereitung: ca. 30 Minuten | Abtropfen: 3-4 Stunden

2 Liter Vollmilchjoghurt
Saft und geriebene Schale von 1 Orange
250 ml Rotwein oder Tee
250 g eingeweichte Dörrpflaumen
2 Päckchen Vanillezucker
1/2 Teelöffel Gewürzmischung aus Zimt, Muskatnuss und Piment (Neugewürz)

- Ein Sieb über eine Schüssel hängen. Ein Musselintuch oder sauberes Geschirrtuch nass machen und gründlich ausdrücken. Das Sieb mit dem Musselintuch auslegen und Joghurt hineingießen. Joghurt 3-4 Stunden abtropfen lassen, bis er dick und cremig ist.

- Orangensaft, geriebene Orangenschale, Wein oder Tee, Pflaumen, Vanillezucker und Gewürzmischung in einem Topf mengen und zum Kochen bringen. Die Mischung auf kleiner Flamme 15-20 Minuten köcheln lassen, bis die Flüssigkeit fast vollständig verdampft ist und die Pflaumen mit einer sirupartigen Sauce bedeckt sind. Die Pflaumen in der Sauce abkühlen lassen.

- Abgetropften Joghurt auf 4 Dessertschüsseln verteilen, die Pflaumen darauflegen und mit etwas Pflaumensauce beträufeln.

Gebackener Rhabarber mit Baiserhaube

für 4 Personen | Zubereitung: ca. 15 Minuten | Backofen: 20-30 Minuten

500 g Rhabarber, in Stücke geschnitten
75 ml roter Traubensaft
1 Esslöffel Vanillepuddingpulver
Zucker
2 Eiweiß
120 g Puderzucker
1/2 Teelöffel Speisestärke
1/2 Teelöffel Essig

- Den Backofen auf 175°C vorheizen. Rhabarber mit dem Traubensaft in einem großen Topf zum Kochen bringen. 5-6 Minuten köcheln lassen, bis der Rhabarber weich und die Flüssigkeit verdampft ist.

- Von der Flamme nehmen und das Puddingpulver einrühren. Nach Geschmack Zucker dazugeben. Den Rhabarber in eine flache Auflaufform füllen.

- Das Eiweiß in einer sauberen Schüssel steif schlagen. Etwas Puderzucker, die Speisestärke und den Essig dazugeben. Nach und nach den restlichen Puderzucker untermischen und mit dem Schneebesen schlagen, bis sich eine klebrige, zähe Masse bildet. Weiterrühren, bis die Masse leicht glänzend wird.

- Die Baisermasse auf den Rhabarber häufen und im Ofen 20-30 Minuten backen, bis das Baiser fest und goldbraun ist. Sofort servieren.

Register

Inmerc gehört zu Kosmos Uitgevers, Utrecht/Antwerpen

www.kosmosuitgevers.nl

1. Auflage, 2010

Titel der englischen Originalausgabe: *Dutch Cooking Today*

Übersetzung:
Judith Grützbauch / architextura
Konzeption, Layout und Produktion:
Inmerc bv

ISBN: 978 90 215 4880 7
NUR 440